So spielst du mit mini LÜK:

Öffne das mini LÜK®-Kontrollgerät und lege den durchsichtigen Boden des Kontrollgerätes auf die untere Übungsseite deines mini LÜK-Heftes!

Nimm Plättchen 1 und sieh dir das Beispiel 1 an!
Dort siehst du einen Teddy, den du auf der unteren Seite in Feld 7 wiederfindest.

Lege Plättchen 1 auf den Teddy auf Feld 7!

So spielst du weiter, bis alle 12 Plättchen auf dem durchsichtigen Teil des Kontrollgerätes liegen und keine Bilder mehr zu sehen sind.

Dann schließt du das Kontrollgerät und drehst es um. Wenn du das bei der Übung abgebildete Muster siehst, hast du alles richtig gemacht.

Passen aber einige Plättchen nicht in das Muster, mußt du diese Übungen noch einmal lösen.
Stimmt es jetzt?

Und nun viel Spaß!

Welche Bilder gehören zusammen?

1
2
3
4
5
6
7
8
9
10
11
12

Hier stimmt etwas nicht. Mach es richtig!

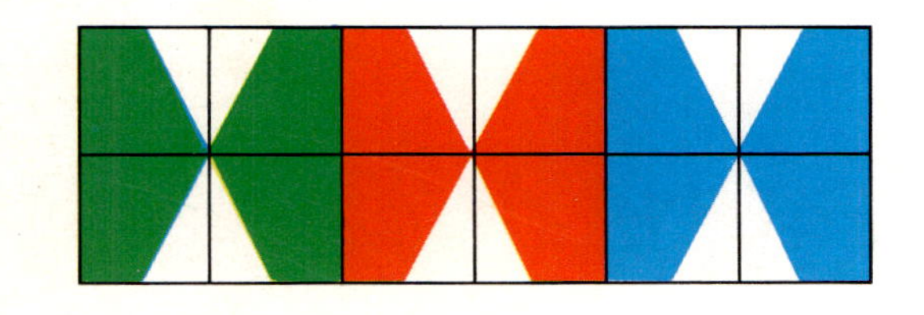

1
2
3
4
5
6
7
8
9
10
11
12

Wohin damit?

1
2
3
4
5
6
7
8
9
10
11
12
BB1

Was fehlt?

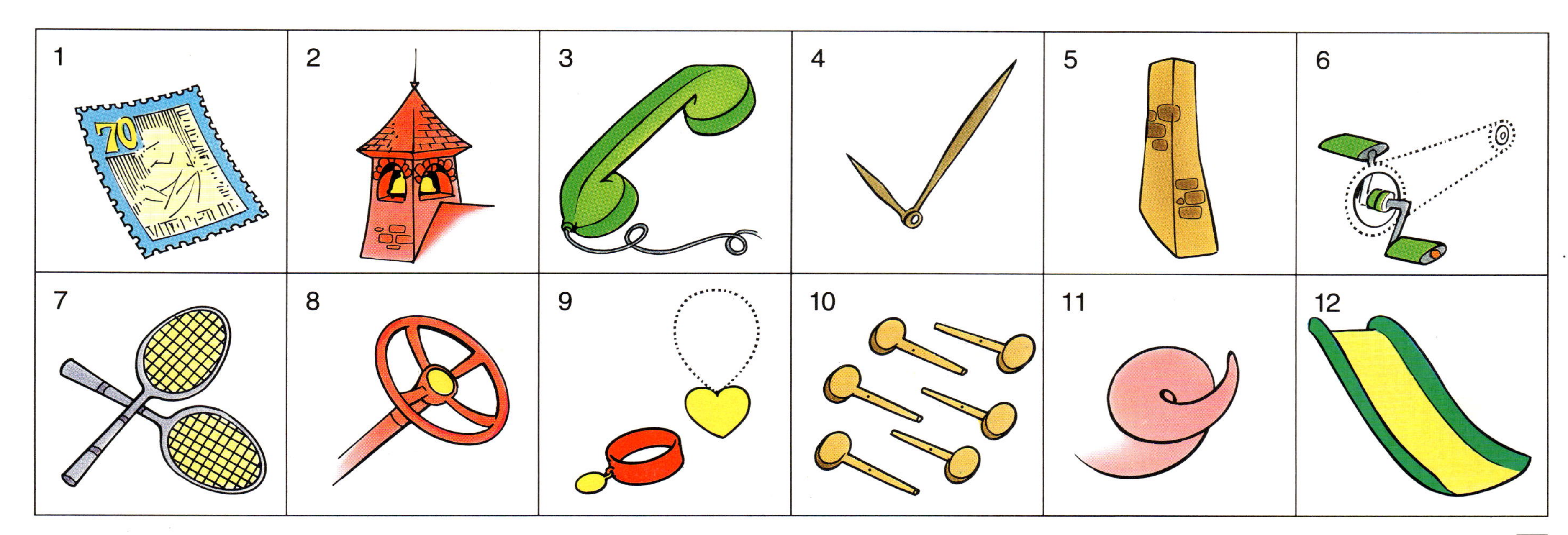
1
70
2
3
4
5
6
7
8
9
10
11
12

Welche Teile passen in die weißen Felder?

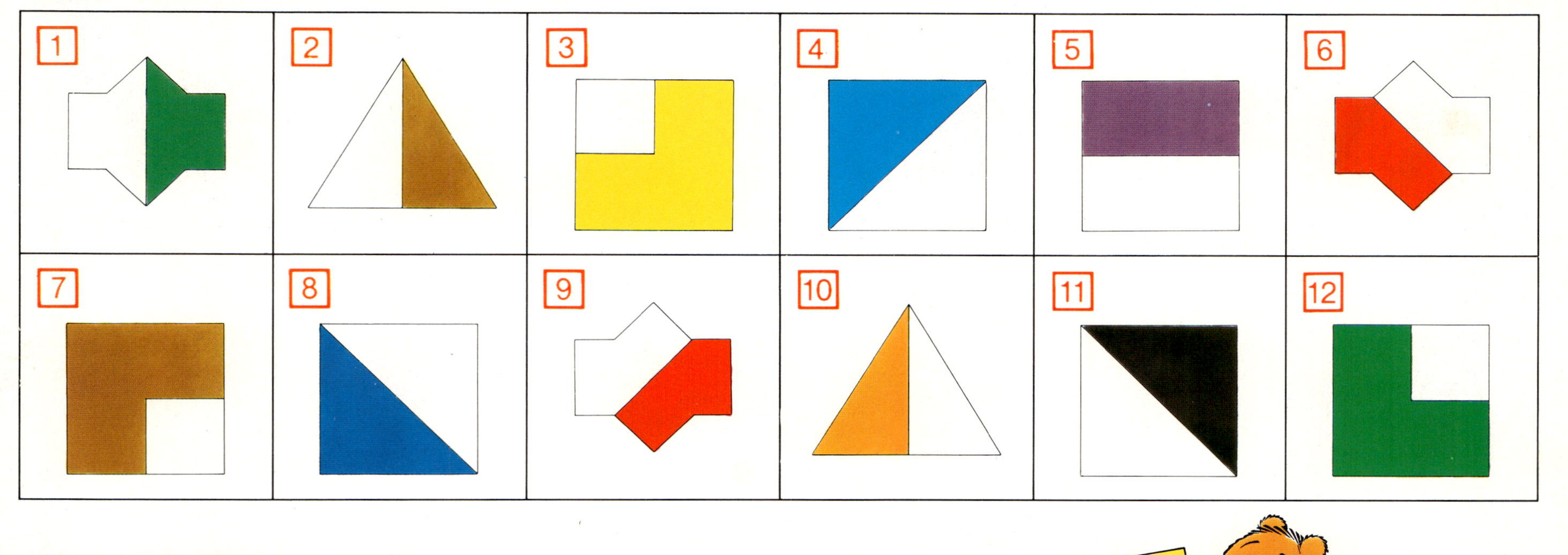

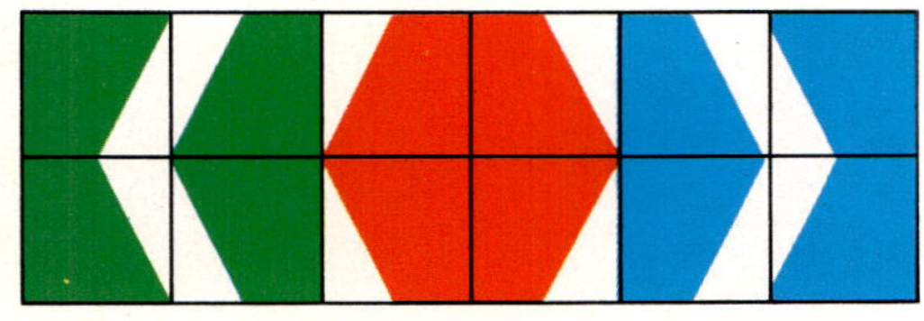

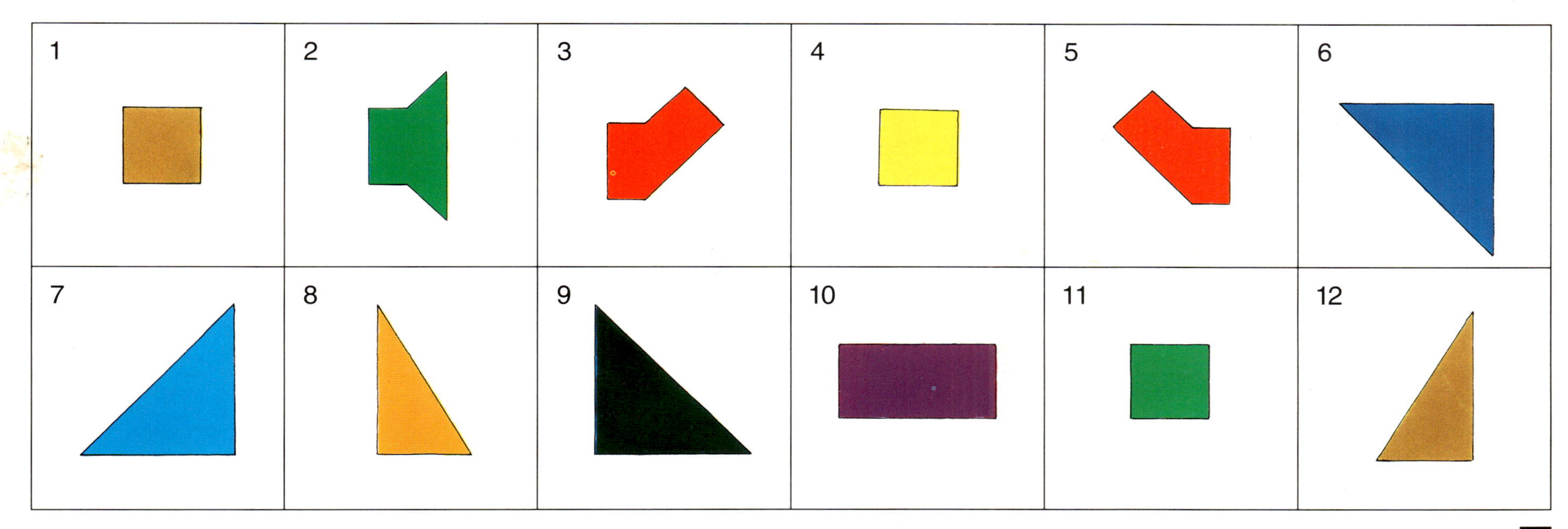
1
2
3
4
5
6
7
8
9
10
11
12

Welche Teile passen in die weißen Felder?

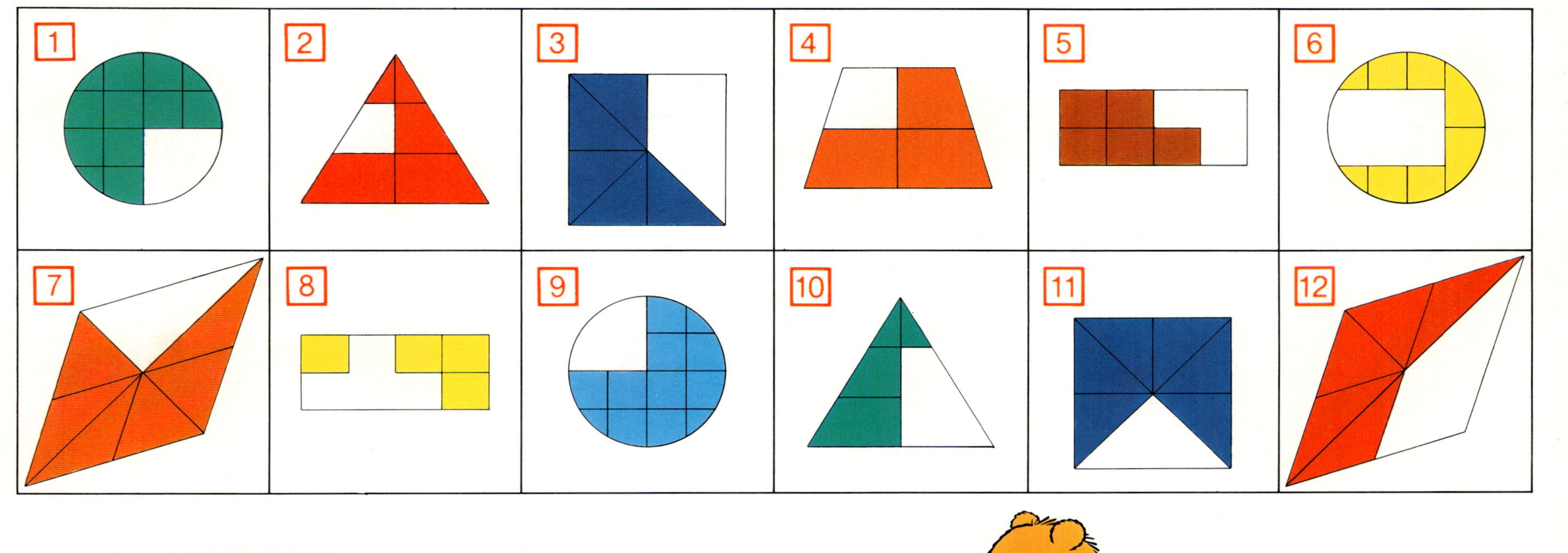

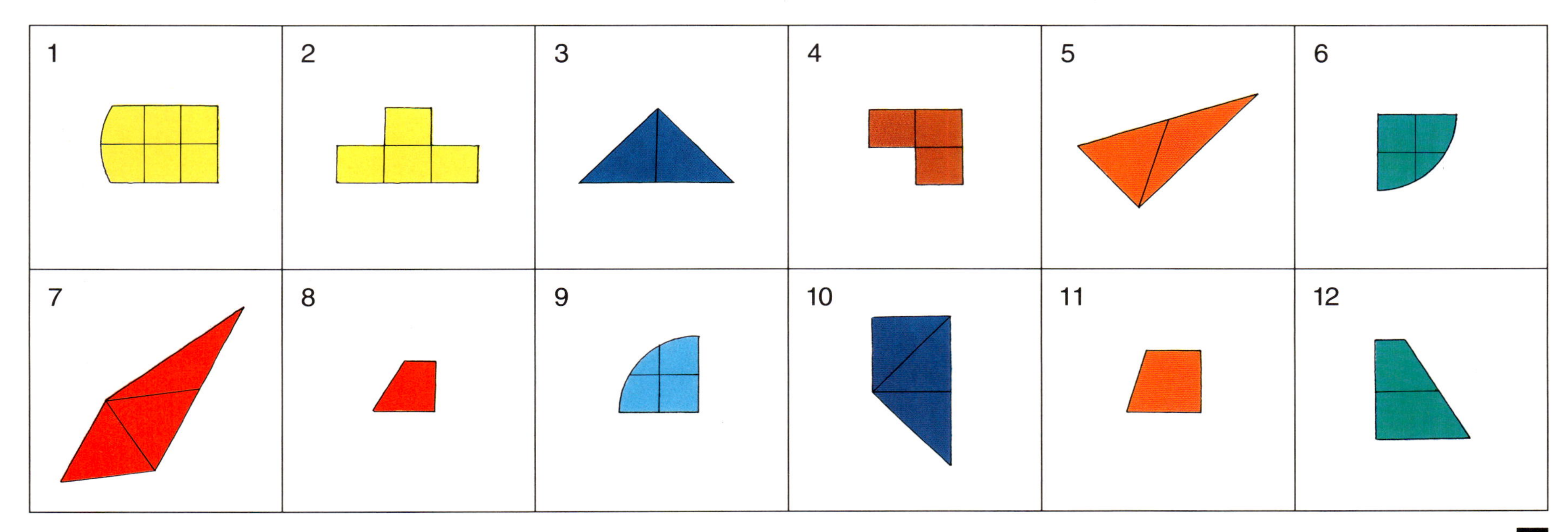
1
2
3
4
5
6
7
8
9
10
11
12

Welche Zahl ist größer?

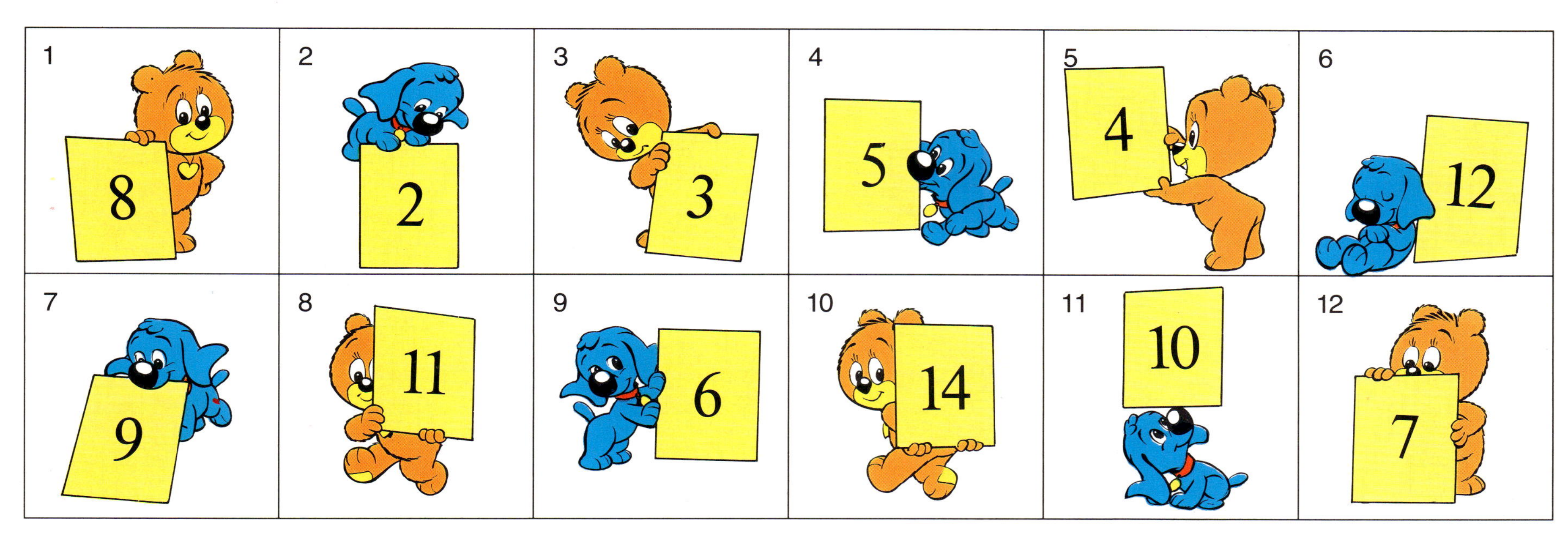
1
8
2
2
3
3
4
5
5
4
6
12
7
9
8
11
9
6
10
14
11
10
12
7

Was paßt nicht dazu?

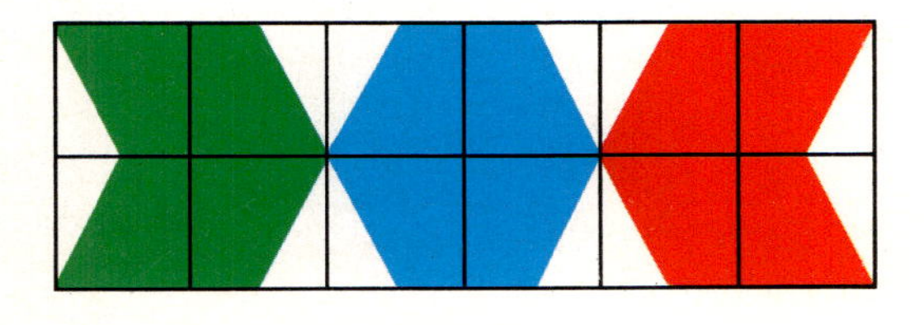

1
2
3
4
5
6
7
8
9
10
11
12

Womit hat Bussi-Bär das gemacht?

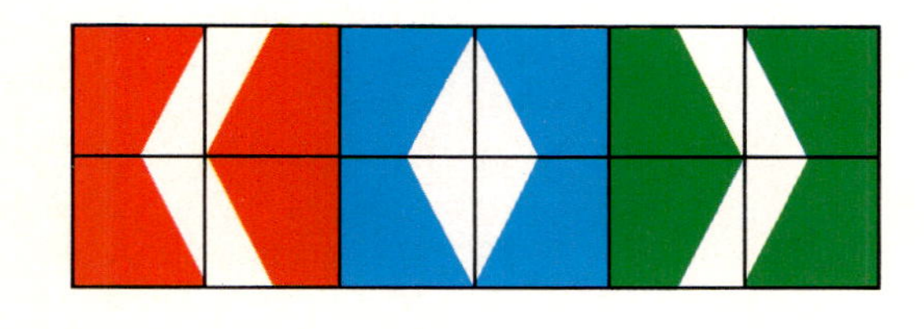

1
2
3
4
5
6
7
8
9
10
11
12

Was will Bussi-Bär tun?

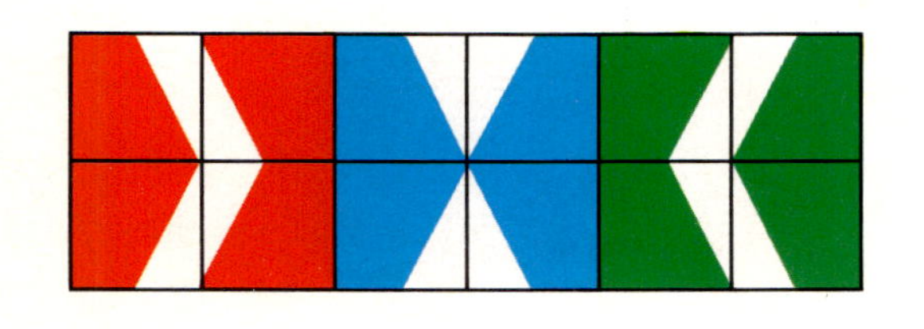

1
2
3
4
5
6
7
8
9
10
11
12

Was will Bussi-Bär tun?

1
2
3
4
5
6
7
8
BB-1
9
10
11
12

Was gehört zu wem?

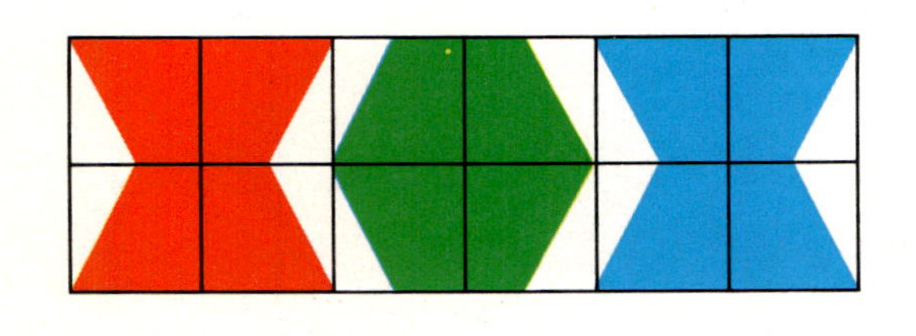

1
2
3
4
5
6
7
8
9
10
11
12

Wer oder was bewegt sich nach rechts?

1 	2 	3 	4 	5 	6 
7 	8 	9 	10 	11 	12 

Welche Rechenaufgabe gehört zum Bild?

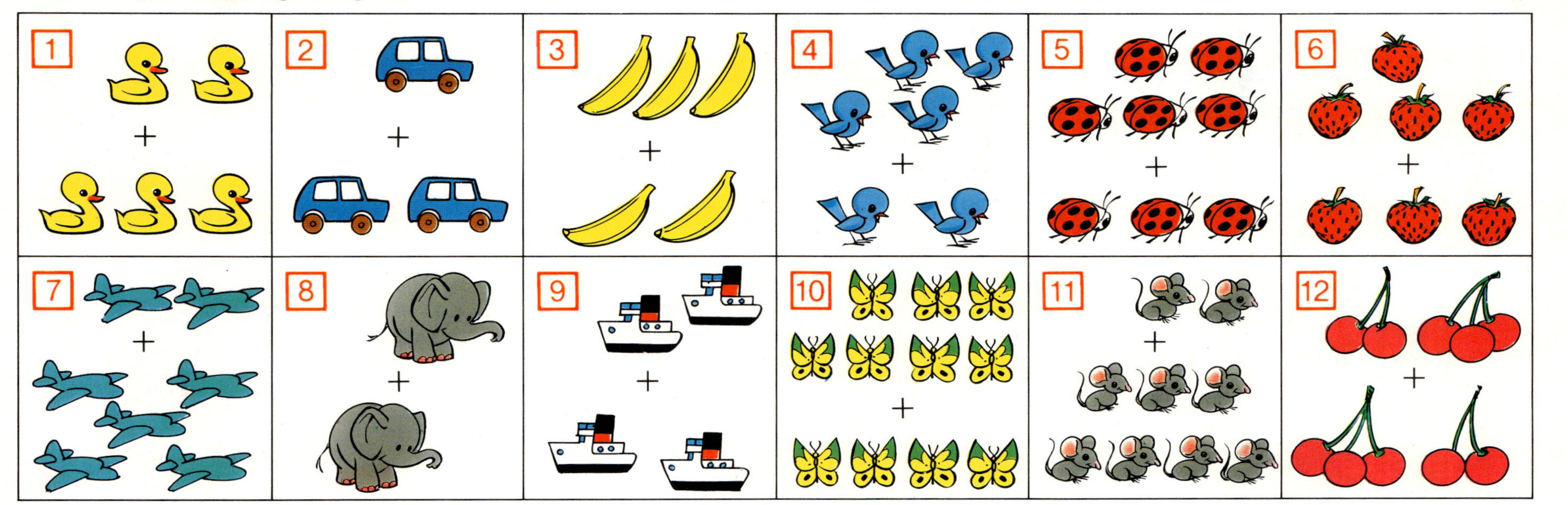

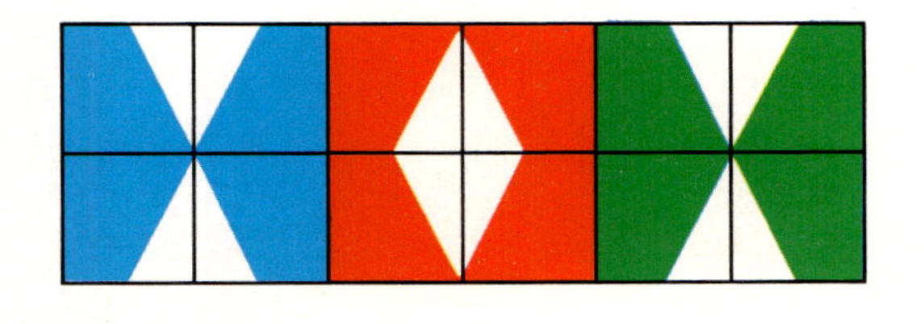

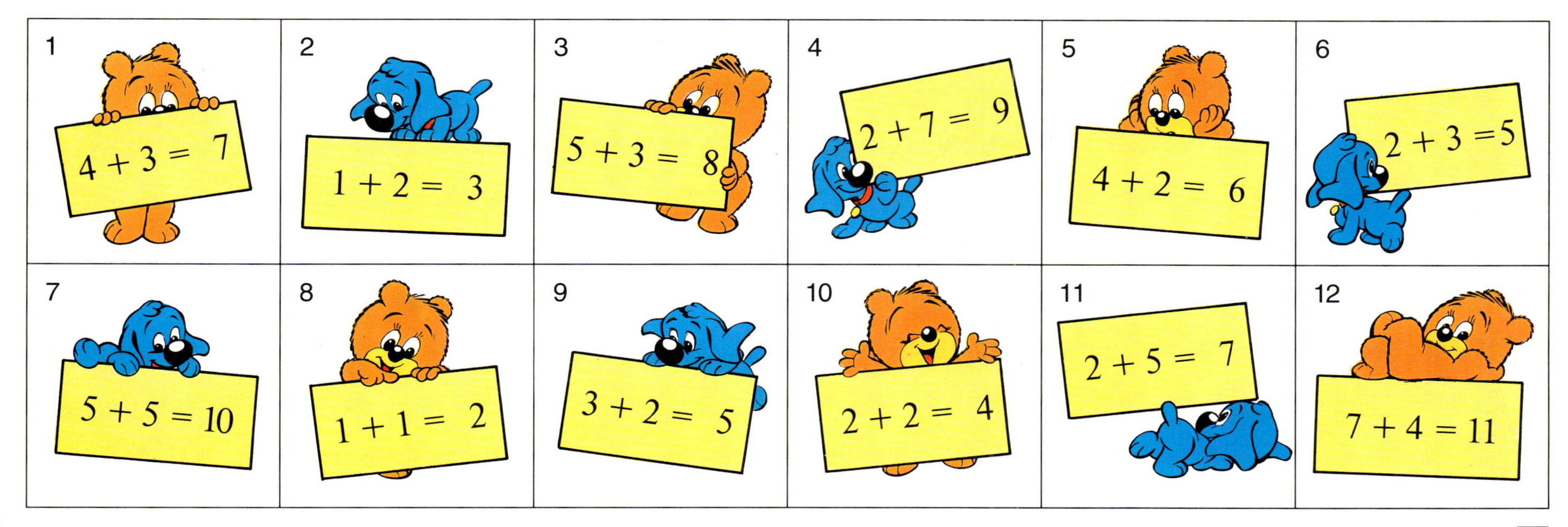
1
4 + 3 = 7
2
1 + 2 = 3
3
5 + 3 = 8
4
2 + 7 = 9
5
4 + 2 = 6
6
2 + 3 =5
7
5 + 5 = 10
8
1 + 1 = 2
9
3 + 2 = 5
10
2 + 2 = 4
11
2 + 5 = 7
12
7 + 4 = 11

Wo sind dieselben Karten?

1
2
3
4
5
6
7
8
9
10
11
12